나뭇잎 뒤 하얀 집

나뭇잎 뒤 하얀 집

초판 1쇄 발행 2024년 3월 29일

지은이 최종석
펴낸이 장길수
펴낸곳 지식과감성#
출판등록 제2012-000081호

교정 김나현
디자인 강샛별, 오정은
편집 오정은
검수 이주연, 정윤솔
마케팅 김윤길, 정은혜

주소 서울시 금천구 벚꽃로298 대륭포스트타워6차 1212호
전화 070-4651-3730~4
팩스 070-4325-7006
이메일 ksbookup@naver.com
홈페이지 www.knsbookup.com

ISBN 979-11-392-1730-8(03810)
값 12,000원

- 이 책의 판권은 지은이에게 있습니다.
- 이 책 내용의 전부 또는 일부를 재사용하려면 반드시 지은이의 서면 동의를 받아야 합니다.
- 잘못된 책은 구입하신 곳에서 바꾸어 드립니다.

지식과감성#
홈페이지 바로가기

최종석 시집

나뭇잎 뒤 하얀 집

최종석 시인의 7번째 작품

목차

마지막처럼 | 8
다리 | 9
할미꽃 | 10
별 무덤 | 11
편백나무 숲 | 12
다달 학습 | 13
인성 평가 | 14
개성 | 15
전문가 | 16
아름다운 포기 | 17
수학 리콜 | 18
모운동 | 19
사막들 | 20
보이지 않는 학교 | 21
사피엔스 | 22
새 숲 | 23
문학인들 | 24

타조 | 25
공원에서 | 26
선악의 뿌리 | 27
반려 괴물 | 28
주유소 | 29
감추사 | 30
행복 찾기 | 31
천사들 | 32
송정 | 33
제비 | 34
꽃 피는 학교 | 35
불후의 그리움 | 36
고통 | 37
하나의 몸 | 38
마라톤 후기 | 39
우리 엄마 | 40
완전한 슬픔 | 41

영원 회귀와 나 | 42

어쩌면 나는 | 43

외로움 | 44

이단과 정통 | 45

문상 | 46

골든타임 | 47

동산에서 | 48

외부인 | 49

뜻대로 | 50

혼자 가기로 했다 | 51

한가운데의 너 | 52

고향의 여름밤 | 53

서원 | 54

우리 선생님 | 55

경주 | 56

나이테 | 57

대체 자연이란 | 58

연쇄 | 59

시 | 60

기다리는 사랑 | 61

길 | 62

샐비어 화단 | 63

포유의 사랑 | 64

개똥철학 | 65

추억 마주 보기 | 66

주인공 | 67

낡은 문 | 68

삶 | 69

사계절 열차 | 70

연줄 | 71

고통은 언제나 ON | 72

편견 | 73

백일장 | 74

상사화 | 75

재회 | 76

외롭다 | 77

절정 | 78

내 안의 혁명 | 79

무심 | 80

지구 아파트 | 81

생각 | 82

개명 | 83

긴 이별 | 84

코스모스 | 85

쌍둥이 | 86

늦가을 | 87

정의를 위하여 | 88

마지막 사랑 | 89

관 | 90

꽃길 | 91

저녁놀 | 92

독립 | 93

너와 나 | 94

마지막 풍경 | 95

아름다운 얼굴 | 96

혼선 | 97

천국과 지옥 | 98

사중주 | 99

서해에서 | 100

구절초꽃 | 101

불면 | 102

신기루 | 103

해피 엔딩 | 104

끝의 길목 | 105

친구의 귀향 | 106

선한 악인들 | 108

나무에게 | 109

식탁의 단상 | 110

슬픔도 삶처럼 | 111

생존 비법 | 112

월정사 | 113

영원한 노래 | 114

고층 아파트 | 115

지구 여행 | 116

외로운 달빛 | 117

한해살이풀 | 118

가을날 | 119

삶의 착각 | 120

만남 후 | 121

어둠이 켠 등불 | 122

집 | 123

나뭇잎 뒤 하얀 집 | 124

시간의 후회 | 125

목련 잎 연서 | 126

마지막 만남 | 127

영원한 길 | 128

아름다운 이별 | 129

발자국 따라 | 130

겨울비 | 131

믿음 | 132

제야의 종소리 | 133

그런 법이 어디 있나요 | 134

고사목 | 135

폭설의 연(緣) | 136

아름다움의 길 | 137

종업식 | 138

마지막처럼

배롱나무야
너 올해도 꽃 피웠구나
작년에도 재작년에도 재재작년에도
늘 한자리에서 꽃 피웠으니
어쩌면 당연한 일

하지만 난 올해에야 알았지
그 당연한 꽃들도
실은 엄청난 고통으로 피워 냈다는 걸
그리고 그 꽃들은 언제나
마지막 꽃이었단 사실을 말야

다리

다리를 다쳐
며칠 누워 있었더니
모든 게 멀어졌다
직장이나 편의점은 물론
집 안의 욕실조차도
까마득히 멀다

그런데 이상하게도
먼 곳에 있던 기억들은
점점 더 가까워졌다
오래전에 잊힌 네 얼굴도
눈앞인 듯 선하니

아마도 고장 난 다리가
새 다리를 놓아 준 모양이다

할미꽃

학교 운동장 가장자리에
할미꽃이 피었다
구경 나온 아이들 몇 둘러앉아
예쁘다며 눈 떼지 못한다
한 친구가 허리 굽혀
지팡이 짚고 가는 흉내를 내자
ㅎㅎㅎㅎㅎㅎㅎ
웃음꽃 무더기로 피어난다

그나저나 이 할미는
어느 고개 지팡이 짚고 넘어와
우리 학교에 짐을 풀었나
그래, 어쩌면 우리는 모두
이 할미의 꿈속에 있는 건지도 몰라
어디선가 호랑나비 한 마리
팔랑-팔랑 날아드는
한바탕 꿈같은 봄날이여

별 무덤

다시는 돌아갈 수 없네
저 우주의 그리운 빛으로

우리는 지구에 떨어진 별들의 유해
아무리 타임머신을 띄워도
결코 닿을 수 없는 글썽거림

추억은 블랙홀 안에
빛바랜 사진첩 펼쳐 놓지만
시간도 멈춰 버린 그 공간에서는
의미의 심장 뛰지 않네

무덤 같은 우주의 한낮이여
모든 것을 잃어버린
적막한 생이여

편백나무 숲

너의 몸
어쩌다 향기로워

악마의 장식으로
숨이 지는가

영혼까지 저미는
고통에 겨워

파르르 진저리 치는
편백나무 숲

다달 학습

국민학교 시절
토요일 오후가 되면
혼자 남아 다달 학습 풀었지

잉크 냄새도 좋고
책장 넘기는 소리도 좋지만
술-술 풀리는 문제가 더 좋아
참 신나게도 풀었지

하지만 어른이 돼 보니
속 시원히 풀리는 문제는
단 하나도 없고
외려 실타래처럼 엉키기 일쑤였네

그때 그 문제지 꿈처럼 날아와
내 삶에도 다달이
동그라미 쳐 줬으면 좋으련만

인성 평가

인성이 뛰어난 학생만
다닐 수 있는
그런 학교 하나 생겼으면
참 좋겠다

그런데 그 학교는
어떻게 인성을 평가하나?

개성

똑같은 종류의 풀과 나무
상어를 쫓는 정어리 떼 앞에서도
개성은 직시되어야 한다

당연시가 키운 몰개성의 허상들은
다름 아닌 자기 얼굴이니

커다란 눈이 아니라
원시의 눈으로 바라볼 일이다

하나의 덩어리 속에서 춤추는
거대한 미시의 세계를

전문가

예술을 너무나도 잘 아는 당신은
아무래도 가짜야
그것은 무한의 세계여서
도무지 가늠할 수 없는 곳에 있는데
모든 비밀 다 아는 듯 떠벌리며
자신을 범람시키는 당신은
비매너인 아니면 허울의 엘리트
감정선도 못 그려 내면서
눈빛의 스펙트럼도 못 찾아내면서
차가운 칼을 들어 뜨거운 혼을 베려 하지
그러니 예술을 너무나도 잘 아는
당신은 분명히 가짜야
세우기도 전에 무너져 버린
공 없는 공든 탑이야

아름다운 포기

가령, 축구 경기에서
십 대 영으로 지고 있다면
그만 포기하고 싶겠지
하지만 끝까지 뛰는 모습
우승컵보다 아름답더라

섣불리 포기했던 것들이
종종 후회되는 날
진정 아름다운 포기일 때만
스스로 포기하리라
입술 깨물며 다짐해 본다

수학 리콜

내가 만약에
학창 시절로 돌아간다면
다른 친구들 다 제쳐 놓고
일찍이 성격 차이로 헤어졌던
수학이를 찾아가리라
그의 이해하기 어려운 말도
인내심 있게 들어 주고
차갑고 딱 부러지는 성격까지
백분 이해하여
그럭저럭 친한 친구로서
한평생 사귀어 볼까 하는데……

모운동

내 마음속에
네가 태어났기에

이번 생(生)은
이토록 아름다운 것

너를 따라서
구름을 따라서

여기 한 마을이
태어났다네

사막들

기나긴 가뭄 끝에
단비 내리시는데
감동하는 이 아무도 없네

땅의 비는 하늘이 내리지만
마음의 비는 누가 내리나

작은 사막들이
뿌연 모래 먼지 속에서
낙타를 키우며 사네

보이지 않는 학교

언제부턴가 냄새가 나, 마치
고양이 시체 썩는 듯한
담장 안에는 가녀린 꽃들
변함없는데, 냄새가 나, 온통
학교를 가득 메웠어
김 선생도, 이 선생도 내 의문에
글쎄요? …… 하며 미친 사람 보듯
하지만 찾을 수가 없어, 그 진원지를
모두가 미친 듯 살아 있는
오월, 희망만이 뒹구는 학교에
이상도 하지, 불경스럽게도 온통
부패의 냄새 진동하다니
운동장에, 교실에, 교과서 갈피-갈피마다에
장소를 모르는 악취가
학교를 삼켜 버렸어

사피엔스

무엇을 믿고
무엇을 저주해야 하나

저들의 내면은
지옥보다 더 지옥 같은데

구원을 위해서라면
내가 먼저
괴물이 되어야 한다

새 숲

화마의 습격으로
그 푸르던 숲이 사라졌다
민초들도 헤게모니도
차별 없는 흙 아래에 묻혔다

이건 어쩌면 후천개벽의
새로운 세상, 새로운 기회일지도!
또다시 힘이 싹트고
왕조는 끈질긴 부활 노리겠지만

순진한 역사는
다시 한번 꿈꾸어 보는 것이다
영원히 이룰 수 없는
평등한 세상을

문학인들

더러운 요리사가
깨끗한 음식 만들 수 있나

자신만 높이는 자가
금시조의 현현을 볼 수 있나

산모퉁이 우물 안
와글-와글 싸움질하는 소리에
밤조차도 잠 못 이루니

지나는 나그네여
애꿎은 돌멩이라도 하나
풍덩! 던져 주시오

타조

하늘을 버린 타조의 날개
진실은 어디에 기록되어 있을까
다만 나는 의문의 백지에
상상의 날개 하나 그려 볼 뿐이지

타조는 구름보다 좋은
그 무언가를 찾았음이 분명해
생각만 해도 웃음 나는 그 비밀 때문에
뭇 새들 조롱에도 아랑곳없이
날개를 접었음이 분명해

생존의 발명이었을까
한낱 게으름의 유전이었을까
그게 무엇이 되었든 간에
이제는 타조의 가장 타조다움이니

더는 그의 비상을 응원하지 않으리
나의 이해는 얼마나 오랫동안
조롱 속에 갇혀 있었던가

공원에서

비둘기 떼 서성이는
아름다운 공원에
한 커플의 다정했던 커피는
벤치 위 쓰레기로 남고

가래침 엉긴 담배꽁초와
간밤 취객이 그려 놓은
지린내 나는 얼룩 한가득
곳곳에 반려견 똥이 나뒹구는
바보들만의 착한 세상

일대일로 축소된 듯한
마음의 지도 한 장을 보네

선악의 뿌리

지상은
인간의 탈을 쓴 천사와 악마가
서로 뒤섞여 살아가는 곳

죽음이
천사들을 모두 천국으로
악마들을 모두 지옥으로 돌려보내도

천국에선 또 악마가
지옥에선 또 천사가 태어나리니

어디에서든 싹트는 선악의 뿌리여
분리할 수도, 화해할 수도 없는
영원한 공존이여

반려 괴물

마음속 가두어 놓은 괴물이
현실의 철창 뚫고 나오지 못하도록
달래고 또 달래야 했다

그 무엇으로도 죽일 수 없는
그러나 그 무엇이라도 죽일 수 있는

위험하기 짝이 없는 반려 괴물의 대가리
목숨처럼 쓰다듬다가
한평생이 갔구나

주유소

인생의 연료는
고통이다

벌컥벌컥 들이켜라
여행자들이여

그 고통만큼만
더 갈 수 있으니

그 고통만큼은
더 가야 하느니

감추사

선화 공주의
애타는 기원이
긴긴 세월 석굴에 남아
천 년의 노래 되었나

이제는 서동 몰래
수줍은 꽃으로 피어나
눈 감은 향기로 사네
일렁이는 그리움으로 사네

수륙이 서로를 연모하는
저 언덕 아래에
교묘히 감추어진 절 하나
감추사

천 년을 안으로만 흐르던
묵음의 노랫가락이
솔바람 타고 솔솔
들려오누나

행복 찾기

집을 떠나
꽤 멀리까지 흘러온 후에야 알았다
뭔가 집에 두고 나왔다는 걸

계속 갈 수도 없고
그렇다고 돌아설 수도 없는
딱 그 지점에서

천사들

화면 속의 천사들과
화면 밖의 더 많은 천사를 위해
아직 살 만한 세상
한 귀퉁이 남겨 놓기

화면 밖에 숨어 있는 흰 날개들
시간 날 때마다
유심히 찾아 보기

착하게 살다가, 또 착하게 살다가
아주 가끔은
자기 어깻죽지도 살펴보기

송정

채송화 같은 네가
솔향기처럼 살고 있어서
그곳은 늘 아름답다

너와의 짧은 만남이
가장 긴 이야기가 되리란 걸
나는야 단번에 알았지

오랜 기차역처럼
변함없이 나를 기다리는
마지막 그리움이여

제비

제비가 봄을 물어 와
뜨락에 부려 놓는다

저 날렵한 비행
저 정겨운 노랫소리
흑과 백을 교묘히 섞어
허공에 붓질하네

제비야
임 소식도 물어 왔느냐
요즘은 어디서
어떻게 지내시는지……

제비가 그리움을 물어 와
마음속에 부려 놓는다

꽃 피는 학교

학교 한 바퀴 돌아보니
꽃과 꽃나무 많기도 많다

매화꽃, 산수유꽃, 목련꽃, 민들레꽃, 벚꽃, 히아신스,
동백꽃, 제비꽃, 꽃잔디, 수선화, 튤립, 할미꽃, 철쭉꽃,
모란꽃, 장미꽃, 제라늄, 목백일홍……

보이지 않던 것들이
갑자기 보이기 시작하는 건
참 신기한 일

그동안 학교는 나 몰래
사시사철 아름다운 꽃들을
아이들 웃음처럼 피워 내고 있었구나

불후의 그리움

그리움은 녹슬지 않고
썩지도 않고
언제나 살아서 숨을 쉰다

또 그리움은 어디에나 있어
누구도 외롭지 않다

그 어떤 불치병도
그리움이 완화시키고
그리움이 호전시키고
그리움이 완치시키나니

나의 그리움은
금강석보다 강하고
알약보다 더 빛난다

고통

쓴 약이 좋다는 건
다 아는 사실

꼭꼭 챙겨 먹자
인생의 보약이여

마음속에 스미어
그 효험 드러낼 때까지

힘들 때 힘을 주는
오랜 비법의 약방문처럼

하나의 몸

몸이 하나밖에 없으니
아플 때 안 아플 수 없고
슬플 때 기쁠 수 없네

동해에서 서울일 수 없고
등교할 때 하교할 수 없네

몸이 두 개라면
감기가 약을 먹든 안 먹든
똑같이 일주일 만에 낫는지를
정확히 알 수 있고

결혼은 해도 후회하고
안 해도 후회한다던데
그게 맞는 말인지도
확실하게 알 수 있을 텐데

마라톤 후기

'고통'과 '환희'라는 이름의
쌍둥이였다

언어가 사라진
적막하고 신비한 길이었다

결코 멈출 수 없는
내 심장의 일대기였다

영원히 늙지 않을
추억 속의 이야기였다

우리 엄마

밥 푸는 것만 봐도
우리 엄마는
진짜 엄마가 맞다

기쁠 때도 많이 퍼 주고
슬플 때도 많이 퍼 준다
아플 때는 더 많이 퍼 준다

가끔 더 달라고 하면
그 양은 처음과 비슷하거나
오히려 더 많다!

완전한 슬픔

마음속 웅크린 슬픔
한 번도 꺼낸 적 없었건만
그대는 꺼내 보라 했네
슬픔마저 기쁨이라며

그 후 나의 삶은
죽음처럼 편안해졌네
하나 풍문처럼 떠돌던 봄이
옷깃에 도착한 날에
그대는 봄이 좋다시며
홀연히 떠나셨네

풀은 무성해지고
푸름은 깊이를 더해 가고
그리고 나는 여기에
완전한 슬픔으로 남았네

영원 회귀와 나

완전을 위해서라면
지금을 바꾸어야 한다

그래야 다음 생은
살인자가 되지 않으리

그런데
내가 살해하지 않은 그가
나를 살해한다면?

삶은 영원하지만
혼자만의 연기일 수는 없다

어쩌면 나는

안 된다 해도
조르고 또 졸라서

절대 안 된다 해도
우기고 또 우겨서

결국 딱 한 번이란
단서를 달고

인간으로 태어난
벌레 한 마리

외로움

외로움은
언제나 찾아온다
혼자 있어도, 둘이 있어도
귀신같이 찾아와 손 내민다
사람이 많은 곳일수록
더 커지는 그의 손

외로움은
어디서나 찾아온다
좁은 곳에도, 넓은 곳에도
귀신같이 찾아와 손 내민다
넓은 곳일수록
더 강해지는 그의 손

언제 어디서나 잡아 주는
그의 손이 있어
나는 더 이상 외롭지 않다
외로움도 그럴 것이다

이단과 정통

'이단'이란
'자기가 믿는 이외의 도(道)'이므로
우리는 서로에게 이단이다
그런데 믿음을 저버리면
도는 더 이상 도가 아니므로
이단도 곧 정통이 되고
정통도 곧 이단이 된다
결국에는 모두가 정통이고
모두가 이단이다
그러므로 믿음을 굳건히 하되
마음만은 바꾸어야 한다
그러지 않으면 세상은 온통
이단의 신들로 가득해진다
결국 신들도 떠나고
눈먼 인간들만 남게 된다

문상

진심만이
진정한 문상인데
머릿속으론
딴생각만 하네

사자는 어느새
저만치 밀려나고
산 자들만
이야기꽃 피운다

형식의 마침표에
귀갓길은 가볍지만
무언가 허전한 느낌에
자꾸 뒤돌아본다

골든타임

공장 굴뚝 연기는
밤에 더욱 짙어진다
새벽까지 줄담배만 피운다

밤은 인간을 강자로
자연을 약자로 만든다
하지만 어딘가에는
어둠을 꿰뚫는 천사의 눈도 있다

문명을 배반하고
자연을 심폐 소생시키려는
응급 구조사처럼

그는
자신의 마음속에 전화하면
언제든지 달려 나온다

동산에서

동산에 오르니
유년 시절이 보인다

국민학교도 보이고
제방길도 보이고
순이네 집도 보인다
꼬불꼬불 먼지 달고 오는
시내버스도 보이고
이웃들과 정류장에서 내리는
울 엄마도 보인다

태산도 아닌 동산인데
안 보이던 것들 다 보인다
우주로 이어진 삶과
그 운명까지도 비칠 듯한

마치 우리 인생의
조망대 같다

외부인

그의 손에서
뭔가 쿵! 하고 떨어지자
주위가 흔들렸다

다가가 살펴보니
지름 1㎝ 남짓한 구슬이
바닥 깊이 박혀 있다

하지만 아무도
그것을 들어 올리지 못했다
무게가 무려 11t이었다

목격자는 말했다
그것을 떨어뜨린 사람은
허공의 갈라진 틈으로
순식간에 사라졌다고

뜻대로

모든 건
신의 뜻이니

믿는 것도 신의 뜻
안 믿는 것도 신의 뜻

그러므로
신의 뜻은 나의 뜻
나의 뜻은 신의 뜻

모든 건 뜻대로
이루어졌다

혼자 가기로 했다

이젠 혼자 가기로 했다
사랑도 버리고 미움도 버리고
혼자서 흘러가기로 했다

얼마나 오랫동안 널
막무가내 붙잡고 있었던가
얼마나 오랫동안 널
추억 속에 가두고 있었던가

그리하여 이젠 혼자 가기로 했다
바람처럼 구름처럼
다 씻겨 사라질 때까지
혼자서 유유히 흘러가기로 했다

한가운데의 너

온종일
너를 생각하고

밤에는 또
너의 꿈을 꾼다

너는 언제나
눈물과 웃음
그 한가운데에 있다

그리고
현생과 내생
그 한가운데에 있다

고향의 여름밤

태양이 호령하던 앞마당에
어스름 자욱이 드리워지면
매미들은 생이 아까워
어둠 밝혀 가며 노래 부르네

잔디는 수염처럼 자라고
소쩍새는 서쪽만 가리키지만
우리 어머니 천천히 늙으시도록
만류하고 또 만류하네

세상은 깊은 어둠에 취하고
나는 한 잔 이슬에 취하네
웃음이 뒹굴던 이 자리
언젠가 쓸쓸함 별빛처럼 내리리

서원

이렇게 조용한 곳에서
마음을 쉬게 하고
몸을 단련케 하고
책 속의 세상 불러내고 싶다

가지 않고도 다 가 본 듯한
깊은 지혜 터득하여
느티나무처럼 한세상 누리고 싶다

떠날 때는
구름처럼 멀어지면서
낮은 노래 읊조리고 싶다

우리 선생님

우리 선생님은
우리가 잘 못하는데도
'잘한다', '잘한다'라고 하셨습니다
우린 그게 좀 미안해서
좀 더 잘하려고 노력했습니다
그러다 보니 우린
정말 좀 더 잘하게 되었습니다
그런데도 선생님은
변함없이 우리에게
'잘한다', '잘한다'라고만 하셨습니다
'좀 더 잘해라'라고는
절대 말씀하시지 않았습니다

경주

가슴만 뜨거우면
돌에서도 피가 흐르고
심장 소리 쿵쿵 울리는 것을

저 천년의 돌 속에서도
꽃이 피고, 노랫소리 들리네

석공의 망치질에
돌이 부처도 되고, 역사도 되고
위대한 과학도 되었으니

나는 전생에 태어난 돌보다
얼마나 못한 것인가

나이테

몸속의 나이를 본다
시간이란 무심히 흘러가는
물길인 줄 알았는데
이렇게 차곡차곡 쌓일 줄이야

조금만 살피면 찾을 수 있다
나의 열세 살과 스무 살
그리고 더 바깥의
서른 살과 마흔 살까지

그런데 너는 아니?
거기 맞닿은 우리의 시간이
말없이 글썽인다는 걸
윤슬처럼 눈부시게, 또는 슬프게

대체 자연이란

이 광기의 풀이
자연을 점령하는 데는
그리 오랜 시간이 필요치 않았다

공식 명 "AI grass"

이제는 자연도
대체어가 필요한 시점이다
차라리 개념을 바꾸든가

연쇄

지네로 태어났다가
닭한테 잡아먹혔다

닭으로 태어났다가
삵한테 잡아먹혔다

삵으로 태어났다가
호랑이한테 잡아먹혔다

호랑이로 태어났다가
인간한테 잡혀 죽었다

인간으로 태어났다가
지네한테 물려 죽었다

시

외로움을 피해 널 만났지만
나는 더 큰 외로움에
빠져야 했다

자유를 찾아 널 만났지만
나는 더 큰 감옥에
갇혀야 했다

너는 운명이 지어 놓은
외로운 감옥이었다

기다리는 사랑

땅은 목마름 가득한데
하늘은 비 한 방울
내려 주지 않네

마음속 그리움 가득해도
찾아오지 않는 너처럼

이제 기다림은
너무나도 흔한 것이 되어
사방에 넘치지만

순간이 인생이듯이
이 기다림 또한
사랑의 순간이라 여기리

길

세상의 수많은 길들
내가 걷지 않아도
늘 거기에 있겠지

하지만 길의 의미는
오직 걷는 자 앞에서만
되살아나는 법

다른 길들이 아무리
길길이 날뛰어도
자기만의 길을 가야 해

샐비어 화단

네 뜨거운 눈부심에
나는 나를 잃어버렸네

혼돈의 심장 속으로
너 마구 뛰어 들어와
하얀 재만 남기고

저 작은 화단에
놀란 눈을 하고 서 있는
한 무리 붉은 꽃이여

여름내 태양의 술잔
연거푸 들이켜며
자신을 활활 불사르라

포유의 사랑

생명체의 99%는 난생
인류도 난생이면 어떨까 싶어
신소재로 감싸면 깨질 염려 없고
바코드 찍어 놓으면 바뀔 염려도 없잖아
무엇보다 우리 엄마들이
완전 편해진다 게 최고의 강점

하지만 인류가 난생으로 가지 않는 건
가슴 더 깊이 새끼를 품고 싶은
포유의 사랑 때문일 거야
어쩌면 자식을 묻을 수 있는
무덤 하나씩 갖고 있기 때문인지도

개똥철학

아무리 철학책 읽어도
통 알 수가 없네

나는 어디서 왔고
또 어디로 가는지를
그리고 또 여기는
왜 왔는지를

그것도 모르는데
삶이 손에 잡힐 리 있나
죽음이 손에
잡힐 리가 있나

추억 마주 보기

아무리 소중한 보물도
묻은 곳 자주 찾지 않으면
그 위치 점점 헷갈려
결국엔 못 찾게 되고 말지

아무리 소중한 기억도
마음에 묻고 꺼내지 않으면
조금씩 희미해져
결국엔 잊히게 되고 말지

그러니 아름다운 추억들
수시로 꺼내 보자
캄캄한 창고에서 끄집어내어
햇살 아래 빛나게 하자

주인공

악인이 등장해
온갖 악행을 저지르는
그런 영화나 소설을 보면

현실 속 진짜 악인들은
어떤 생각을 할까

낡은 문

내 마음 어딘가에
문 하나 열려 덜컹거린다

겨울엔 찬 바람 들어오고
여름엔 폭풍우 들이치기도 하는

그대 떠나고 여태 닫히지 않은
미련 같은 문 하나가

오늘도 밤새 덜컹거리며
나의 잠 깨우고 있다

삶

꾀꼬리 운다
뻐꾹새 운다
소쩍새 운다
까마귀 운다

모두가
자기 목소리로
우는구나

그게 울음이든
웃음이든
아니면 노래이든 간에

우리는 모두
자기만의 목소리로
울어야 해

사계절 열차

당신이 어디로 가시든지
난 당신을 따라갈래요

당신은 나의 유일한 길이자
온전한 기쁨이니까요

봄-여름-가을-겨울-봄-여름-가을-겨울

사계절 열차를 타고
내 인생도 달려가고 있어요

연줄

작은 새 한 마리
고속도로에 내려앉다가
화들짝 날아올랐으나

다시 바닥에 추락하는 걸
백미러가 보여 주었다

어쩌면 옥황상제의
적강 신선일지도 모를

천벌도 천벌이지만
그간 보이지 않던 끈 하나가
마음속에 둥실 떠올랐다

고통은 언제나 ON

스스로 통점을
끄고 켤 수 있으면 좋겠네

육신이 부서지는
국문장이나 서대문 형무소
전쟁터에서 팔다리 떨어져 나갔을 때
혹은 너를 잃고
고통의 골짜기에 갇혀 있을 때도
슬며시 통점을 끄고
눈감을 수 있으면 좋겠네

우리가 아무리 고통을 NO 해도
신은 언제나 모든 고통을
ON 하고 있구나

편견

마음속 편견을 꺼내
문밖에 버렸더니

거대한 괴물로 변해
주인을 삼켜 버렸다는

거짓말 같은
이야기

백일장

북평 오일장 열리던 날
학교에선 문예 백일장 열렸네
시, 소설, 수필, 희곡 노점마다
다양한 생각들 펼쳐져
없는 것 빼고는 다 있다는
문학 시장 이루었네

입시에 반영 안 돼도
문학이 좋아 주말에 나온 아이들
미간에 주름 지으며
삶을 고민하던 철학자들
다 돌아간 뒤에도
진한 여운은 내 마음속에서
한참을 더 머물다 갔네

상사화

너를 만나서
한평생
너를 앓는다

아무도
끌 수 없는
마음속의 불

스스로
다 태울 때까지
죽음마저
얼씬 못 한다

재회

친구를 만났네
무려 30년 만이었네
벚나무 그늘에 앉아
책을 읽고 있을 때
검은 세단이 도착하였네

우린 서로 반가웠지만
또한 낯설었네
독백 같은 대화가
우리의 거리를 더욱더
멀어지게 했네

어스름을 핑계로
서둘러 헤어지면서
서로 마지막을 예감했지만
생각하면 그것만이
우리의 유일한 대화였네

외롭다

나무도 외롭고
돌도 외롭다

그러니
목석같은 사람도
외로울 수밖에

이 우주에
외롭지 않은 존재는
없다

혼자 있으면
외로움마저도
ㅇㅗㅣㄹㅗㅂㄷㅏ

절정

한낮에
가장 잘 보인다

눈부신 죽음이여

우린 오랫동안
죽음을 살았으나

아직도
죽음을 모른다

내 안의 혁명

지금까지 나의 삶은
비틀거리는 어둠이었구나

그 깨달음의 순간
사방에서 밀려오던 후회들

하지만 진실의 얼굴은
남겨진 시간을 응시하였네

인생의 혁명가여
마음을 송두리째 바꾸어라

빛으로 긴 어둠 찢으며
죽음의 문턱 넘어가 보자

무심

하늘이 무심탄 말은
참 이기적인 말
산천초목 골고루 돌보시느라
어떤 곳은 비 늦게 내리기도 하지
우리의 무심이 창가에서 죽인
무수한 식물들에 비할까

목말라 죽을 때까지
말 한마디 못 한
아니, 말 한마디 알아듣지 못한
내 무심한 귀 죄스러워
다시는 그 어떤 생명도
이기심에 가두지 않으리라
마음 깊이 다짐하네

지구 아파트

혼자서 저녁을 먹고
혼자서 티브이를 보고
혼자서 책을 읽다가

문득, 외로움과 적막이
부딪치는 소리

이 우주에 나 혼자뿐인가? 하고
덜컥 겁이 나 창문을 여니

드문드문 불 켜진 아파트
그 외로운 마음들이
손을 흔드네

생각

나는 생각을
무한한 변신이라 여기네

생각은
강과 대지를 건너는 바람
하늘을 지나가는 구름
우주를 수놓은 별

또한 생각은
악인을 쓰러뜨리는 정의의 칼
인류를 절멸시킬 바이러스
빙하기에 지구를 태워 버릴 화염

그리하여 생각은
스스로 가두어 놓은 악마
악마가 죽일 수 없는 천사라네

개명

수석과 최하위의
이름이 같은 걸 보면

매너인과 비매너인의
이름이 같은 걸 보면

빈자와 거부(巨富)의
이름이 같은 걸 보면

선인과 악인의
이름이 같은 걸 보면

긴 이별

아직도 거기 있느냐
가장 슬펐던 시간 속에서
하염없이 눈물 흘리며

봄이 와도 꽃피우지 못한
아픈 사랑의 노래

가을이 와도 저물지 않는
슬픈 이별 이야기

그리움은 펑-펑
계절도 없이 피어났더라

마지막 봄이 오고 있음을
까맣게도 모른 채

코스모스

아무리 적막한 길이라도
코스모스 몇 그루 피어 있으면
다 낭만적이지

그 가냘픈 꽃들이
하늘과 땅 사이 여백을
가득 채운다는 게
참 놀라워

꽃잎은 코스모스
몸짓은 카오스
누구의 삶이
그 속에 있지 않을까

쌍둥이

착각도 천 년 묵으면
진실이 되어 승천하는가

이 세상 사람들은
이미 다 죽은 자들인데도

오히려 다시 태어나
다른 데로 떠나는 사람들을
죽은 자라 부르다니

그래, 쌍둥이라면
헷갈릴 법도 하겠구나

늦가을

어머나, 조심해

가을이 저렇게나 깊은데

거기 풍덩 빠지면

어쩌려고?

정의를 위하여

'정의'가 음각된 총알이
뿔 달린 머리를 관통한다

매일 수십 명씩 쓰러뜨리는
그 총알의 정체는
아직 밝혀지지 않았다

지상에서 사라진 뿔의 숫자가
지옥에서 카운트될 때마다
뿔에 받쳐 온 사람들은 열광한다

하지만 난 알고 있다
그 총알의 주인이 누구인지를
그리고 합법보다 아름다운
불법의 모순을

마지막 사랑

마지막처럼 널 만나리
매일 보고 싶은 사람처럼
영원히 그리울 사람처럼
그렇게 너를 만나리

계절은 다시 태어나지만
우리는 죽음 같은 사랑을 하리
사랑조차 모르는 눈빛에
더 깊고 환해지는 인연이여

보름달 같은 시간일랑
서로가 까맣게 모른 채로
단 한 번의 짧은 사랑을 하리
이별의 눈물 밤새 흘리리

우리가 떠나고 나면
여기 남겨질 차가운 빈자리
어느 연인들 다시 모여
따스한 사랑 꽃피울까

관

이제는 식물까지도
택배로 받아 볼 수 있는
참 편리한 세상
나도 몇 분 주문하여
키워 보려 했지
하지만 그 편리한 상자는
관이 되고 말았네
식물의 이동 스트레스는
동물의 감금 스트레스
내 부끄러움도
그 관 속에 갇혀 있었네

꽃길

허물어진 돌담에
꽃이 피었다

언젠가 내 마음
무너졌을 때

너도 내게로 와
꽃이 되었지

무너진 세월마다
꽃이 핀다면

인생길은 모두 다
꽃길이겠구나

저녁놀

헛되이도 살았구나, 생이여
남에게 도움 한 장 건네지 못하고
스스로 세상을 타락시켰구나

더러운 반칙자에게
수없이 레드카드 꺼내 보이며
인류를 멸종시켰으니
자신을 지옥에 빠뜨렸으니

보람도 없이 저무는 하루
저 산마루에 뿌려진 붉은빛은
후회의 피눈물이 아닌가

반전도 없이 막 내리고
박수도 없이 관객들 떠나 버린
비극의 주인공이 아닌가

독립

아프리카 초원의
새끼 누는
태어난 지 몇 분 만에
일어나 달리는데

사람은
스스로 설 때까지
그 얼마나 많은 시간이
필요한지

게다가
아름다운 정신으로서
독립하려면
한평생도 모자란다

너와 나

나는 왜
나로 태어나
나로 살고 있는가
다음 세상에
너로 태어난다 해도
그건 또 다른 나이지
너는 아니겠지

유일한 나여
무수한 나여
끔찍한 나여
이제 나는 너이고 싶다
내가 보는 네가 아닌
네가 느끼는
너이고 싶다

마지막 풍경

바람이 자니
갈잎에 햇빛도 잔다

강 건너 멀어지는
생의 마지막 풍경이여

다시는 지난 꿈속으로
돌아갈 수 없지만

저 눈부신 고요는
내 영혼 깊이 남으리라

아름다운 얼굴
— 친구에게

아름다운 것만이
아름다운 건 아니었네
다시는 돌아보고 싶지 않던
그 끔찍한 기억 속에서도
문득 아름다운 얼굴 비치나니

고통의 늪에서 발버둥 치며
끝내 살아남은 생이
그 어찌 눈물겹다 않으리오만

이제는 그 시간마저
아름다운 얼굴이라 부르리

무겁고 괴로웠던 짐
바다가 보이는 언덕에 부려 놓고
서로의 잔에 술을 따르자
노을에 취해 붉어진
바다의 얼굴 아름다우리

혼선

전화벨이 불러 준 번호
017-323-6239

받아 보니 멀리서 들리는
푸른 나의 목소리

추억이 긴 강을 거슬러
창밖에 영화처럼 펼쳐지네

오! 아름다운 혼선이여

그러면 서툴렀던 사랑도
다시 돌아오려나

천국과 지옥

천국에서는
육체가 없으니
책도 못 읽고, 시도 못 쓰고
운동도 못 하겠구나
술 한잔도 못 마시겠구나

모두가 평등하고
아무런 고통도 없으며
무한한 기쁨 넘쳐 난다 한들
내 친구는 무신자라서
그곳에 없을 테니

아, 어쩌면 그곳은 내게
지옥일 수도 있겠구나

사중주

꾀꼬리 노래해야 봄이고
매미가 노래해야 여름이지

귀뚜라미 울어야 가을이고
기러기 울어예야 겨울이지

내 귓가엔 언제나
시(詩)의 목소리 울고 웃으니
늘 사계절이 함께 있네

서해에서

원하든지 원하지 않든지
누구는 떠나고 누구는 남아야 하리

긴 하루 돌아보니 봄처럼 짧고
짧은 하루 돌아보니 추억처럼 길어라

따스한 인정 마음에 새기며
아쉬움보다 더 빠른 발걸음으로
서쪽 계단 성큼성큼 내려가는 저녁 해

또다시 만남으로 부상할
우리의 설레는 아침을 위해
고요히 어둠 덮고 돌아눕는 밤바다

구절초꽃

가을 들길
거닐다 보았네

남몰래 피어난
한 무더기의
그리움을

사람아
한세상 저문다

마지막 한 번
꼭 만나자

불면

잠이 상념의 늪에 빠지면
공허와 두려움이
어둠을 헤치고 나타난다

푸른 시절에는
폭풍처럼 휩쓸고 지나갔다면
요즘은 높고 단단한 벽처럼
사방에서 조여 온다

숨 막히는 밤
필사로 죽음을 밀쳐 내며
영원 같은 순간을 견디다 보면

여명이 노크하는 소리!
죽음이 벗어 놓고 간 허물이
햇살에 반짝이는 것이다

신기루

스스로 만들어 낸 환상 속에서
얼마나 즐겁고도 괴로이
광인의 흉내를 내고 다녔던가

내가 밤을 환하게 하고
내가 낮을 어둡게 하면서
곳곳에 몰려든 슬픈 그림자에게
네 이름 붙이며 환호하였지

하지만 그건 취기처럼
낡기도 전에 무너질 모래성일 뿐

하여, 어느 맑은 가을날
망상의 시간을 밀치며 들이닥친
차가운 함성에 의해
괴롭고도 즐거이 스러지고 말았네

해피 엔딩

늦여름
목백일홍 지는데

그 꽃잎들
향나무에 떨어져

새로 피어난 듯
향기로워라

끝의 길목

깊은 어둠
무거운 적막 속에
나 혼자 떠돌고 있네

부모 형제도 없이
친구도 하나 없이
두려움 속에 서성이네

삶은 끝나고
빛의 길 사라지니
허무하여라
허망하여라

다시는
삶으로 피어나지 않기를
미련처럼 바라는
이 어리석음을

친구의 귀향

친구가 돌아왔다
젊음을 모두 밥벌이에 바치고
가벼운 마음, 낡은 몸으로
다시 고향에 돌아왔다
날 다 저물어서 돌아왔다

아주 긴 꿈에서 깨어나듯
빈집에 불 켜지자
멀리서 컹-컹 개 짖는 소리 들리네
북동골 맑은 바람 불어오고
낙풍천 물소리도 들리네

친구가 돌아오니
하늘의 별빛과 달빛도 돌아오고
돌아가신 부모님도 돌아오고
겹겹이 추억도 하나둘 돌아오네
남은 삶이 되어 돌아오네

그리고 너와 나

소년의 목청으로 불렀던 노래는
아직도 끝나지 않은 노래
이제 그 노래 다시 부르며
온전히 떠날 수 있게 되었구나

선한 악인들

악은
선을 위해서 존재해
악이 없으면
선도 사라져 버리니

악은
선을 그리는 붓끝

지금도 세상 곳곳에서
수많은 악인이
선을 그리고 있다

나무에게

이제 더 이상 너를
'아낌없이 주는 나무'라고
부르지 않으리

그리하여 더 이상 네게서
아무것도
빼앗아 가지 않으리

붉은 꽃과 푸른 잎
낙엽과 고독을 바라보면서
생명에 대해 생각하리

그렇게 내 마음
너에게 다 빼앗기리

식탁의 단상

한때 생명이었던 것들의
고통을 먹음으로써
나는 또한
한때의 생명일 수 있으니

나의 삶이
고통으로 차오르는 건
어쩌면 당연한 일

짧은 묵념으로
그 고통 위로해 보지만
슬픔에 더해지는 슬픔
막을 수 없어라

슬픔도 삶처럼

세상은 온통
슬픔으로 가득하네
저 빈틈없는 물결로
곳곳을 채우는 슬픔이여
그러니 늘 바짓가랑이
걷어붙이고 살아갈 수밖에

그래도 너무 깊은 데는
디디지 말자, 빠져 죽진 말자
어둠이 더 깊어지면
가로등의 슬픈 눈빛 따라
서둘러 귀가하자

그리하여 또다시
내일을 향해 흘러가자
저 삶을 따라서 흘러가자

생존 비법

내가 다음 세상에
인간이 아닌
그 무엇으로 태어난다면

무조건 못생기게 하소서
맛대가리도 없게 하소서

그리하여 오래오래
생존함을 허락하소서

동물이든 식물이든
감히 인간이 아니라면
그 무엇이든지 간에

월정사

나도
환한
달처럼

저
절로
가는
중

영원한 노래

무방비한 아름다움으로
내 마음 밝히는 그대여

나 눈먼 사람 되어
하나뿐인 길 걸어가네

꽃은 지고, 낙엽은 마르고
겨울은 긴 잠 준비하지만

나는 그대로 하여
무한히 태어날 것만 같아라

삶이여, 죽음이여
나의 영원한 노래여

고층 아파트

저 높은 곳에 살아도
무섭지 않나

파리, 모기도 닿지 못하는 곳
바람이 무섭지도 않나

바벨탑처럼
까마득한 높이에서
별처럼 흩어져서 사는데

아니 도대체
하늘이 두렵지도 않나

지구 여행

누군 천국을 보았다 하고
누군 지옥을 보았다 하네

누군 악마를 보았다 하고
누군 천사를 보았다 하네

그래서 내 직접 가 보았더니
거기는 천국이자 지옥이고
지옥이자 천국이었네

악마도 천사도 다 있는
거기는 보는 자의
마음속에만 존재하는 별이었네

외로운 달빛

사람들의 무심한 마음이
적이 섭섭하고도 미운 밤인데

나 역시
그런 사람 아니었나 생각하니
온몸 시리도록 부끄럽네

하늘의 달님도 외로워서
그 빛 온 세상에 뿌리는 것을

사람들은 하나같이
자기를 위해서만 두 손 모으네

한해살이풀

하루를 살면
해가 뜨고 지는 모습
다 보겠지마는
달이 차고 기우는 모습
볼 수 없기에

한 달을 살면
달이 차고 기우는 모습
다 보겠지마는
사계절이 이어 달리는 모습
볼 수 없기에

일 년을 살면
보고픈 것 다 보았으니
태어날 때 파 놓은 무덤 속에서
영원을 베고 잠들 수 있네

가을날

참으로 고요한
가을날 오후입니다

창밖엔 햇살이 꿈꾸고
방 안엔 커피 향 가득해

종일 집에만 있어도
행복한 시간입니다

멀리 있는 그대가
문득 그리울 뿐입니다

삶의 착각

비록 착각일지라도
다들 저렇게 살아 있는 건
삶이 죽음보다 낫기 때문일 거야

늘 앞을 막아서는 고통
하지만 삶은 그 고통을 넘어서만
존재할 수 있는 법

죽음이 고통을 잠재우는 순간까지
삶은 우리를 미치도록
살고 싶게 만들지

만남 후

짧아서 아쉬웠던 만남
하지만 거긴 아직도 꽃 피어
향기로 가득합니다

시간의 그림자가
그 꽃잎들 다 시들게 하여도
향기는 오래도록
가시지 않을 것이니

이게 설령 마지막이라 해도
나는 슬픔보다 더
행복합니다

어둠이 켠 등불

언제나 그리웠지
몇 걸음 떨어진 곳에서
가끔 실루엣으로만 비치던
깨달은 이의 얼굴이

그렇게 오랜 세월 흐르고
계절이 다 지나서 피는 꽃처럼
서둘러 펑-펑 피어나는데

길고 짙은 어둠만이
환한 꽃잎 피워 낼 수 있다고
이 세상 모든 꽃은 다
어둠이 켜 놓은 등불이라고

겨울로 가던 바람이
잠시 귓가에 속삭여 주네

집

이사 올 땐 모든 게
새것이었는데
이제는 참 구석구석
골고루도 낡았네

나도 아내도 집 따라
열심히 늙어 간 그 덕분으로
꼬마였던 아이는
어른이 되었네

나뭇잎 뒤 하얀 집

참 이상하기도 하지
나는 왜 작은 벌레가 되어
나뭇잎 뒤에다 하얀 집을 짓고
겨울을 나고픈 걸까

그대 생각 하나로 얼어 죽지 않고
마음속에다 봄을 키우는
한 마리 작고 외로운
초록 벌레가 되고픈 걸까

수많은 봄이 찾아와도
그대는 끝내 돌아오지 않고
그리움도 외로움도 다 낡아서
마지막처럼 부서지는데

나는 왜 엉뚱하게도
나뭇잎 뒤에다 하얀 집을 짓고
영영 오잖을 그대를
꿈처럼 기다리고픈 걸까

시간의 후회

미래의 내가
그토록 돌아가고 싶던 때가
바로 지금인데

네가 다시 내 앞에 있고
모든 불행은 아직
자기 얼굴 알지도 못하는데

또다시 무심한 시간에 취해
일상이라는 심연에다

네 마지막 모습
후회처럼 빠뜨리고 마는가

목련 잎 연서

짧았던 봄
더 짧았던 목련의 기억

그 기억은 푸른 잎 속에서
한여름을 살았네

이제는 그리움도 지쳐
내 마음 바래어지는 가을날

문득, 그대가 보낸
편지 한 장 도착하였으니

발신지의 지난봄!
목련꽃 향기 다시 나네

마지막 만남

친구여
우리 다시 만날 때는
저녁이 오는 거리에서 만나자

그 무엇과도 싸우지 않고
그 무엇이라도 다
용서할 수 있을 것만 같은

그래, 저 세월이 꺾여 흐르는
길모퉁이에서
붉은 얼굴, 긴 그림자 되어
마지막처럼
다시 만나자

영원한 길

중도에 끊어진 길은
길이라고 부를 수 없네

길의 의미는
단절을 잇는 데서 비롯되는 것

삶이 끝나면 죽음을 살고
죽음이 끝나면 삶을 사느니

길은 영원으로 이어지고
우리는 그 길을 걷네

아름다운 이별

이제는 우리가
이별해야 할 시간이야
하지만 너무 슬퍼하지는 마
우리가 피운 꽃들이 웃고 있으니

언제든 그리움의 깊이만큼
마음속에서 만나리니
우리는 물리 법칙 없이도
산을 넘고 바다를 건널 수 있지

만남과 함께 운명 지어진
이별의 슬픈 얼굴이여
우리는 서로의 맑은 눈물로써
이별을 아름답게 하자

먼 훗날이란 자주
핑계가 약속을 지우는 곳
하지만 우리의 기도는
그때도 라일락으로 피어날 거야

발자국 따라

연락도 없이

봄이 다녀가고
여름이 다녀가고
가을이 다녀가고
겨울이 다녀갔네

유심과 무심
그 사잇길로 난 발자국 따라

나도 조용히
다녀가야지

겨울비

긴긴밤 겨울비 내려
내 마음 아픈 추억에 젖네

영원 속에 갇힌 그대여
이 하얀 밤을 어찌 견디리

기쁨도 슬픔도 미움도 후회도
없었다 믿었던 사랑

세월이 다 낡은 지금에야
그 모두였음을 알겠네

믿음

있어서 믿는 게 아니다
믿음으로써 있게 되는 것이다

그 속엔 신들도 살고
아직 쓰러지지 않은 인생도 살고
떠나지 못한 사랑도 산다

눈에는 보이지 않는
그러나 그 성은 너무나도 견고하여
자기 자신 이외엔
아무도 무너뜨릴 수 없다

제야의 종소리

인생이여
꿈인 줄도 모르고
참 열심히도 살았구나

하기야
꿈이 꿈인 줄 알면
어느 인생이 인생일쏘냐

내일이면 또다시
새 꿈으로 태어날 우리

그래서 인생은 아직도
인생을 모른다

그런 법이 어디 있나요

대한민국 범죄에 내려지는
형량의 눈금을 보면
그 범죄 참 저지를 만도 하군
하는 생각 절로 든다네

분노와 욕망의 꽃
아무에게나 활짝 피우고
나는 내 명대로, 또 법의 명대로
세금 벌레로 살다가

세월 따라 사회로 방생되면
자유로운 여생에 똥칠도 하리니
그런 범죄라면 너무나도 달콤하여
세상이 온통 꿀단지겠군

고사목

쓰러질 때까지는
쓰러지지 않겠다는 듯이

데리러 왔던 죽음마저
끝끝내 고사한 듯이

메마른 가지들
하늘 물에 발 담그고

영원 깊은 곳에
푸른 싹틔우고 있다

폭설의 연(緣)

이제는 영영
갈 수 없게 되었네
무성한 잡초의 길 헤치고
언젠가 네게 가리라 다짐했건만
간밤의 무진장 폭설이
이승의 마지막 꿈마저 지워 버렸네
차가운 후회 뒤집어쓰고
겨우내 꽁꽁 눈사람으로 섰다가
봄이면 글썽이는 눈물로
남겨진 추억 적시고 떠날까
우리의 연(緣) 억만 겁 후라도
다시 기적처럼 이어진다면
아, 그때는 지체 없이
잡초를 베고 길을 내리라
오랜 예언인 듯 너를 찾아가
식은 사랑, 붉은 꽃으로 피게 하고
향기로운 인연 꽃목걸이 엮어
영원의 목에 걸어 주리라

아름다움의 길

완전한 것은
무(無)에 있으니

존재는
존재함으로써
불완전한 것

하여 우린
아름다움의 길을
가야 하네

그것만이
불완전의 유일한
의미이므로

종업식

언젠가 봄이 오면
너희도 너희만의 꽃을 피울 거라고
그렇게 말한 게 후회된다

너희는 이미 꽃이어서
지금이 제일 예쁘다고
어떻게 꽃이 또 꽃을 피울 수 있겠느냐고

그렇게 웃으며 말해 주지 못한 게
못내 후회가 된다